LIDIA LETICIA RISSO

FLUIR

©Copyright: Lidia Leticia Risso
©Copyright: De la presente Edición, Año 2018 WANCEULEN EDITORIAL

Título: FLUIR
Autora: LIDIA LETICIA RISSO

Editorial: WANCEULEN EDITORIAL
Sello Editorial: WANCEULEN POÉTICA

ISBN Papel: 978-84-9993-878-3
ISBN Ebook: 978-84-9993-879-0

DEPÓSITO LEGAL: SE 1357-2018

Impreso en España. 2018.

WANCEULEN S.L. C/ Cristo del Desamparo y Abandono, 56 - 41006
Sevilla
Webs: www.wanceuleneditorial.com y www.wanceulen.com
Email: info@wanceuleneditorial.com

Reservados todos los derechos. Queda prohibido reproducir, almacenar en sistemas de recuperación de la información y transmitir parte alguna de esta publicación, cualquiera que sea el medio empleado (electrónico, mecánico, fotocopia, impresión, grabación, etc), sin el permiso de los titulares de los derechos de propiedad intelectual. Cualquier forma de reproducción, distribución, comunicación pública o transformación de esta obra solo puede ser realizada con la autorización de sus titulares, salvo excepción prevista por la ley. Diríjase a CEDRO (Centro Español de Derechos Reprográficos, www.cedro.org) si necesita fotocopiar o escanear algún fragmento de esta obra.

LA LUNA

La luna,
me estaba
mirando...,
como frunciendo
la cara

Las nubes,
la iban
tapando,
para que no
se notara

Sé,
que algo
quería decirme,
sé que algo,
me ocultaba

Absorta
quedé
y esperando,
que su noticia ,
llegara

Tenía,
mirada triste,
temía,
lo que pasara,
ahora,
ya no sonríe,

*está seria
y pensativa
Ya no habrá
oportunidad,
de llegar
a la verdad,
pues yo no alcanzo
a tocarla*

*Fue
sólo un halo
fugaz
sólo un intento,
y nada más....,
no pudo
decirme nada*

SU ETERNA SONRISA

Su sonrisa,
inagotable,
aún,
en los duros
momentos,
despertaban,
sentimientos,
que solían dar aliento,
a aquél,
que lo necesitara

Su interior,
permitía a su espíritu,
elevarse,
desdoblarse,
convertirse,
en un pájaro
de seda,
en una madeja
suave,
en un etéreo
pañuelo.

Bordaba,
sueños artesanales,
y volaba,
lejos……..,
hasta los maizales

Todo lo convertía,
en un ser único

*y especial,
posibilitándolo
todo,
sin pensar
en lo banal*

*Y por ser,
tan verdadero,
su destino,
ni fatal,
le pudo
ser placentero......,
nada casual*

*Pudo elegir
su muerte,
a su modo,
a su hora,
marcando
su propia historia,
con su momento
de gloria,
y una sonrisa
de paz¡*

TUVO UNA VEZ

Tuvo una vez..,
un amor,
una flor,
un anillo,
quince años,
y alegría

El amor,
se le ha fugado,
por lo menos,
ha dejado,
algo de sabiduría

La flor,
se ha marchitado,
está guardada
en un viejo libro,
pero..,
le sirve de guía

El anillo,
se ha opacado,
por lo tanto,
ya no brilla

Los quince,
fueron hermosos,
los recuerda
con cariño,
como parte

*de un pasado
revestido
de altruismo*

*La alegría,
a veces..
exigente,
casi nunca,
se hizo presente,
es por eso
que en su mente,
se diluyó, de repente*

SIN ABRIGO

Descubrí...
que el sol,
no sale
para todos

Descubrí...
que el amanecer,
ya no me abriga

Descubrí...
que ya....
está todo
descubierto

Luego....
la incertidumbre,
la noche,
el ocaso,
el vacío
del alma,
el fracaso....,
¡Mucho frío¡

EL TÚNEL II

*La oscuridad
de ese túnel,
producía
mucho frío,
y un vacío
de dolor,
que sentía
todo mi cuerpo*

*Fui
increpada,
invadida
y asustada
ellos....,
se manifestaban
de ese modo,
mi persona,
era su abrigo,
su esperanza*

*Lloraban
sus pesares,
cantaban
su olvido,
y me relataban
sus historias
que marcadas
de dolor
atravesaban
sus memorias
en esas almas*

sin cuerpo,
sin alas,
sin gloria

Subimos
todos al tren,
tomamos asiento
y conversamos,
nadie más,
existía
en ese preciso
momento

Presté
mis oídos,
mis sentidos,
mi corazón todo,
poniendo
mucha atención,
a sus reclamos

Bajé,
al final
del camino,
los saludé
agitando,
con discreción
mi mano,
con tristeza
me miraron,
y luego,
con timidez,
se alejaron

EGÓLATRA

*Ególatra,
omnipotente
y publicista,
de lo ajeno*

*Columnista
irreprochable,
de espíritu
renegado,
y un capítulo
cerrado,
de un libro
ya terminado*

*Apología,
de su búsqueda
barata,
honrando
lo miserable,
como la fiebre
que lo desata*

*Servil
Activista,
de lo sustancial,
y fiel
propagandista
de lo innecesario,
'de lo virtual'*

ARRUGAS TRISTES

*Las arrugas
tristes,
recuerdan
los que fueran
sus anhelos,
que lerdos
se disiparan*

*Cuelgan
de aquél
espejo,
a modo
de larvas,
mientras
las mojan
parvas de
lágrimas*

*Viejos
 avatares
de lánguidas
miradas*

*La visión,
está nublada,
las escaleras
gastadas
y los muertos
vivos,
aún merodean
la casa*

*El amor,
está ausente,
el dolor,
presente
y nadie......,
hace nada*

*Y desde
el fondo...,
la tierra
grita,
mientras
los astros
se burlan,
y los mutantes
se precipitan*

BEBIÓ EL AMOR

*Bebió
el amor,
y luego el dolor,
le provocó,
borrachera*

*De pronto,
despertó
en la ausencia,
sin la presencia,
de aquél amor*

*Vió,
roto su sueño,
del que fuera
el dueño
algún día*

*Recordó
que su historia,
reflejaba,
el éxito rotundo
de un inútil
fracaso*

*Su compañero
el ocaso,
palmeó
su hombro,*

*limpió su cara,
y juntos...,
los dos,
caminaron,
por el sendero,
de la esperanza*

COSAS QUE INVENTA EL ALMA

*Derrapar,
mentiras mórbidas
y evadir,
la indefensa
suerte*

*Rastrear,
en el interior,
la viva muerte
que despierta,
mientras,
el alma declina,
con su altivez,
burlona*

*Mientras....,
el dolor
desentona,
omnipotente*

*Y aquéllas
bellas lombrices,
liberarán
cicatrices,
imposibles
de olvidar*

LÁGRIMAS

*Lágrimas,
que se deslizan,
a través,
de sus mejillas,
como perlas
preciosas*

*Lágrimas,
cansadas
de ser fuertes
de no poder ver...,
logro,
alguno*

*Henchido,
el corazón,
de tristeza,
explota,
en dolor,
y moja,
sus pómulos
de rocío absoluto,
de humedad,
verdadera*

*Un gusto salino,
queda,
en su boca,
que se provoca
en desierto,*

falto,
de ilusiones

El esfuerzo,
se desiste,
se desviste,
de lo bello,
y no espera
la mañana,
mucho menos,
un destello

EL COFRE

*Encontró
un cofre
en el altillo,
que repleto
de recuerdos
amarillos,
aguardaba
en silencio
su llegada*

*Con
cierto temor
y desconcierto,
pudo ver
en su interior,
que yacían
otras cosas,
que otrora,
fueran
hermosas*

*Las alegrías,
estaban guardadas
y a su mirada,
le sonreían,
tristezas
acumuladas*

*El prendedor
de la abuela,*

como en sus mejores
tiempos,
radiante lucía

Y....,
finalmente
a su lado
un espejo,
reflejaba
aquél... vestido
de novia,
que hacía
un tiempo,
dormía

FASE TRES,
ÚLTIMO CAPÍTULO

Su mirada cansada
y su oxígeno vencido,
fluyen como burbujas,
del harapiento camino,
que hubo de recorrer quejoso,
impuesto por su destino

Encarnado en afanoso,
y escondiéndose andrajoso,
comenzó su Fase Tres:
aquí..., él que nada quiso...,
amén, de que tanto hizo,
alimentó más su enojo,
porque tantas heridas,
enquistadas en su cuerpo,
el tiempo no perdonara
y deshiciera a su antojo,
como un manojo de llaves,
que oxidadas, subsistieran

Y así..., escribiría,
su último capítulo,
lentamente comenzara,
sin que nadie lo notara,
se sentía abandonado,
porque nadie por su persona,
habría luchado

*Luego..., los días ya no serian,
tan marchitos, ni tan largos
y presto, saliera de aquél letargo,
que ni tan alegre y más amargo,
hablara con premura
y con mayor desarraigo*

LA HUMEDAD CANTA Y BAILA

*Recrudece
la lluvia
y ensortija
espirales
de humedad,
que con crueldad
emergen y brotan*

*Sabotean
al sol y a la luna
y saludan al pasar,
irónicos hongos,
que almidonados,
se burlan
de la tristeza*

*Cantan
y bailan,
al compás,
de las gotas
de rocío,
ante un presente
indignado,
pero aferrado
a su suerte*

*Lloran,
sin mirar,
fingen*

no escuchar
y dan a luz
al engendro
que en desmedro,
de su amor,
perdió,
todo pudor
a la luz
de esa mañana

PUENTES DE POBREZA

*Puentes
de pobreza,
enmohecidos
de tanta
vigilia*

*Tristezas
de seres,
que vestidos
de cartones,
propinan
sermones,
diciendo
que ya
no esperan*

*Moretones,
de vientres
vacíos,
que no entienden
de razones,
cuando arriba
el rocío*

*Puentes
que abrigan
los golpes
y brindan
sus hogueras
cálidas,*

*para palear
tanto frío*

*Mientras,
levitan
las miserias,
de las cosas serias
y el viento,
arrasa con todo,
mientras elige
su rumbo
y el mundo,
se convierte
en amenaza*

AQUÍ YACE

Aquí yace,
la lucha que descansa
y la garra,
que desgarra

Aquí yace,
lo que hubiera intentado,
la siguiente mañana
de sus canas,
la que quiso
y no pudo,
la miseria
sin misericordia,
la que fuera considerada
por todos, la escoria....
la que pasó por aquí..,
sin penas, ni gloria

Acullá,
si lo hubiera....,
lo que fuera
su memoria, repleta
de historias escondidas,
que jamás fueran oídas,
ni apeladas, ni admitidas,
aunque ahora ya...,
dormidas pertenecen
a la escoria

EL LAGO

El lago
furioso,
de sed
amenaza

Inmerso
en su propio
silencio,
las botas
se calza

Viste
su balsa
de alabanza,
mientras..,
camina
el sigilo
de su destino,
a imagen
y semejanza

Interpreta
un camino,
seco de proyectos,
que se marchan
con el agua

EL LOCO DE AMOR

Mientras,
tocaba la puerta,
de su eterna
enamorada,
a voz alzada,
cantaba,
una melodiosa
canción

Vestía,
camisa negra,
zapatos
color naranja,
y sus ojos
denotaban,
una profunda
emoción

Esmero vano,
de portar,
en su mano,
una rosa,
muy hermosa

Al sentir,
la negación,
del cariño
de su amada,
quiso
cortar el hielo,

y para ella ......,
cantó

Por segunda vez,
lo hizo,
y otra canción
entonaba,
solicitando
a su amada,
que le prestase
atención

MATICES

Llega,
el claro día,
empuja,
se desplaza,
se produce,
y se instala

Luego...,
el ocaso,
los detiene,
y los apresa

Pero...
la alborada,
con su fragancia
a naranjas
frescas,
a jazmines
y azucenas,
viene a quitar
las penas,
que habitan
en esa casa

Alborotada,
se presenta
de repente,
una murga
bullanguera
y retumban,

*los tambores,
repletos,
de alegres melodías,
se oyen cánticos
hermosos,
candombes
y batucadas,
para olvidar
sinsabores,
que llegaron
de la nada¡¡¡*

SUEÑOS BELLOS, LOCOS......

*Sueños
de alguna
mañana
bellos,
como esperados,
callados,
lacónicos
y lejanos*

*Sueños.....
locos,
que arrumbados,
embriagados
de historias,
esperan
guardados*

*Y después,
de muchos días
de intensa
lluvia,
de melancolía....,
solicitan piedad,
para no ser
con liviandad,
juzgados,
ellos desean,
ser amados,
con ternura,
y en total
fraternidad*

MONÓLOGO CON EL ESPEJO

*Mientes
espejo....,
no me tienes,
el menor
de los respetos*

*A pesar de
tus años...,
y tu historia,
has elegido
la gloria
y no tienes
perdón alguno*

*Hemos
de firmar
un pacto
de hermandad,
para que la humanidad
se entere,
será el acuerdo
mas grande
de amor,
que se viere*

*Para que el relato
fuera el mejor,
que tu vida
recordara*

*La amnistía
con el sol,
el acto dignificaba,
mientras,
merodeaba
orgullosa,
su amiga,
imaginación*

PINTA PINTOR

Suyo,
es el verano
caliente,
que arde

Como,
aquél ave
tan suya,
que trina,
en la alborada

Como suya,
la resolana,
que mantiene,
su piel cobriza

Como suyo,
el continente,
los esteros,
los valles,
y los glaciares

Dueño,
de todo
y de nada,
de la piedra ,
la hierba,
y la escarcha

*Pinta pintor,
como
más lo prefieras,
que has de cruzar
las fronteras
que las fieras,
amalgaman*

*Y las otras
que abandonadas
y vengativas
te esperan convertidas,
en hormigas....,
porque aquéllas...,
se quemaran*

DÍAS LARGOS,
NOCHES CORTAS

Días tan largos,
como noches cortas,
que alargan la vida,
como la acortan

Renegar,
de las angustias,
en las mañanas
mustias
y silenciar
el corazón,
que late apurado

Subir la cuesta,
no cuesta,
cuando,
la ternura,
refresca,
y los sueños
nos convierten,
en únicos dueños,
de las sombras
de la noche

Mientras..,
se puede
observar,
como cuelgan
de los broches

*de aquél armario,
los ropajes
desdichados....,
que rodeados
de reproches,
fueron parte
del pasado*

COSMOS

Pálidos,
los astros,
de pronto,
aparecen

El silencio,
ensordece,
y se tiñe
la mañana

El vientre
de la tierra,
vibra,
como algo
inusual
y diferente

La luna,
en cuarto
creciente,
detiene
su periplo

El sol,
se esconde,
y transpira,
un frío
sudoroso

*Los planetas,
emiten
gemidos,
a manera,
de estallidos*

*Atónitos,
los satélites
se detienen
para ver,
un atardecer,
sin esperanzas*

*Empatía
de sordas
mañanas
y a lo lejos...,
estrepitosos
aullidos,
de crueles
venganzas*

DESOLACIÓN

En
esta desvelada
noche,
surgen
en su mente,
los reproches,
de lo que hubo
de hacer

No es menester,
de la vida,
recordar,
lo que fuere
inevitable,
de lo que no se pudo.....,
o no se quiso hacer

No
es preciso,
pedir permiso,
para ser....,
lo que se quiera
ser

La premisa,
es arreglarse,
como se pueda,
cuando nada...,
queda,
cuando nada....,
se ha de temer

DOLOR

*Y entró
el dolor a la casa,
sin barbijo,
pero nada dijo,
solo entró*

*Se instaló,
como
si hubiera
sido invitado,
todos lo mirábamos
sorprendidos,
perplejos,
pero él....
permanecía
inmutable*

*Luego
de llenarse
la casa
de lágrimas,
me animé a
preguntarle,
si mucho,
permanecería,
pero
él no respondía
y de la casa,
marchó*

EL PUENTE ILUMINADO

*El puente
de luz,
iluminó
la ribera,
con su estructura
maciza,
y sus pisos
de madera.*

*Su brillo,
se reflejaba,
en las turbias aguas,
que pintadas
de acuarela,
saltaban
de alegría*

*Con un dejo
de melancolía,
recordaba
sus años
plenos,
las noches
de luna llena,
y aquéllas
de neblina
y de rocío,
cuando hacía ...
mucho frío*

Hoy......,
olvido y dejadez,
ha llegado
a la vejez

Llegan
a su memoria,
las historias,
que llenas
de gloria,
luciera,
su altura
con altivez

Hoy,
de pronto,
lo visten de gala,
y vuelve
a sentirse
importante
como aquél día

Hoy,
vuelve a creer,
vuelve a vivir,
y suspira
de placer

ESTIGMA

El estigma,
buceaba el ocaso,
luchaba
con el sueño,
y rechazaba
el fracaso

Y el enigma,
sin medir
cansancio,
se remontaba,
a otros tiempos,
del espacio

Con mesura
cargaba
su loco bagaje
y en un globo
multicolor,
se mostraba
seguro
con su equipaje

La incógnita,
era su marca
y su presente,
el miedo,
que desafiante....,
tomó coraje,
arañó el futuro,
y siguió adelante,
con audaz sosiego

ESPACIO INERTE

*Las cenizas
centellean
con donaire
y explotan
amarillas,
sentadas
en sillas,
que de color
verde,
dibujan
el aire*

*Las nubes
eyectan
chispas,
que hacen
estallar,
las sonrisas
del alma*

*El dolor,
está quieto
y en calma,
mientras…,
los fantasmas,
se desvelan
y van emigrando*

*Y en aquél
espacio inerte,
diferentes referentes,
se siguen multiplicando*

EL FUTURO

Tiempo,
que te llevaste
el mañana....,
sólo pasado,
sólo presente
y un futuro,
sin ganas

Eres barco
que no navega,
eres novia
que nada espera,
y eres...,
reloj sin agujas
sin marcas
y sin quimeras

Eres...,
el olvido
contenido

Un recipiente,
repleto
de ilusión
que no espera
y de corazón,
que no sabe

*Eres,
una pared
levantada
en el medio
de la nada,
tienes mustia
la mirada,
como agua
seca de río*

*Cuervos
te sobrevuelan,
porque te saben
ausente
y se reflejan
lúgubres,
como los colores
de la muerte*

LOS SUEÑOS

Los sueños,
están durmiendo,
vaya a saber,
hasta cuando

Puede ser,
que sean
cenizas,
y que se hayan
volado

Puede ser
que todavía,
los estén
buscando

Tal vez,
un milagro
de amor,
los regrese
y tracen
un pronto
camino
a casa

Puede,
que algún
desdichado,
los haya
encontrado

*Mientras....,
baila una corchea,
se menea
la fusa,
que difusa
centellea*

AYERES

*Ayeres
de avellanas,
de colores
dorados
y caballos
alados,
que empujan
la mañana*

*Ingresan
a la casa,
flotan,
suspendidos
en el aire
y giran
de pie,
sobre el talón
del silencio....,
como
si nada pasara*

*Como,
si ese diminuto...,
minuto
de la muerte,
nunca llegara*

EL ESPANTAPÁJAROS

*Morada
encantada
de arpillera,
con ojos de cera
y una amplia
sonrisa,
que sin prisa,
jamás
desespera*

*Muñeco
de ambas
direcciones,
donde convergen
los pájaros
y llueven
las ilusiones,
llenas de flores*

*Donde
se puede elegir
la esperanza,
y donde
la pobreza,
jamás nos alcanza*

*Brazos
extendidos
a diferentes
caminos,
que pudieran*

ser bravíos...,
o feroces desafíos,
que cerraran
tu garganta

Y un grito
que para adentro
y atroz,
hará de vos,
lo que mas
le plazca

EL AMOR,
LLEGÓ A MI REGAZO

El amor,
llegó a mi regazo,
montando un
Pegaso blanco,
una noche,
al parecer destemplada

Besó mi mano, muy suave
y abracé fuerte, su alma
cruzó la calle...y atravesó,
mi almohada

Vestía , túnica blanca
y cabellera, muy larga,
y llevaba en su brazo
un abrigo, de color
verde esperanza
y además portaba, alas,
repletas de plumas blancas

Era una esbelta figura,
con una tupida barba,
me produjo escalofríos,
y hasta escuché,
que me hablaba

Se despertaron
mis bríos, aquélla.., otra mañana
y acepté los desafíos
que la vida me enfrentara,
esos..., que te ponen a prueba,
los que alimentan ,el alma

CESÓ, DE CANTAR EL PÁJARO

*Aquélla mañana
del mes de mayo,
dejó de cantar
el pájaro…
y se fue de tertulia,
era un día diferente….,
en que la atmósfera
se cargó de lluvia*

*No quería irse,
debía resistirse,
se agarraba fuerte,
pero un llamado
urgente,
lo requería*

*Huir del destino,
no podía,
escoltar,
a mi madre debía,
hasta esos cielos
brillantes,
donde colchones
de nubes abundantes,
al paraíso, se parecían*

*Nunca…,
pude volver a verlos,
de ellos sólo…,*

*me quedan
recuerdos,
que acarician
mi memoria y lerdos,
me atraviesan,
en el centro,
de mi historia*

*Y otro pájaro
cesará de cantar,
algún día,
que repleto de melancolía,
tendrá la osadía,
de acompañarme
a volar*

EL TREN

*Pirata
y aventurero,
de largos
caminos,
marca
generoso,
el destino,
de los tiempos*

*Mensajero
de estaciones
lejanas,
donde
el destierro
espera
el mañana,
para sortear,
el silencio*

*Bagajes
repletos
de sueños,
envueltos
en exóticos
perfumes,
que inmunes,
se asemejaban
al mismo cielo*

*Desvelo
que espera
solitario,
el arribo
de sus andanzas*

*Y cargado
de esperanzas,
rociadas
de luna,
despliega
la fortuna,
que lleva
en sus negras
alas*

EL SÓTANO

*El sótano
permanecía
inmerso,
en el silencio
infinito,
de aquél
Universo*

*Allí
se gestaban
lúgubres
encuentros,
que inmersos
en la sombra,
deambulaban*

*Y los mutantes,
se preparaban
para la fiesta,
mientras...,
Inquietas
las galeras
y los guantes,
portaban
largas tijeras*

*Y todos
amontonados
y a su manera,
subían
y bajaban,
veloces
por la escalera*

GRITOS

Gritos
que pasean
en carruajes,
y que desgarran,
con sus bagajes

Hambre
que los asfixia,
impericia
que los desvela

Gritos
de necesidad
de todo....,
de gargantas
que beben
tristezas,
de palabras
arrastradas
en el lodo

Gritos
de una Sociedad,
que necesita
de todo...,
pero egoísta
y desprovista
de gestos
altruistas,
siguen viviendo
a su modo

LA BURBUJA

*La burbuja
celeste y alada
de un lado a otro,
se desplazaba*

*Dentro
de su esfera
transparente,
se hallaban:
un corazón
cansado,
un alma
casi vacía
y un espíritu
agotado,
de tanta falsía*

*Mientras
la escoba
barría,
porque planes tenía,
de pinchar el dolor,
que a todos
invadía*

*Así lo hizo…,
y la esfera,
se deshizo*

*Los que allí,
se encontraban,
ingresaban
a ese espacio,
sin destino,
a ese lugar,
sin camino,
sin rumbo.....
y desconocido*

LA MUÑECA

*La muñeca
se quedó
sin cabello
y ahora cubre
su cabecita,
con un precioso
pañuelo*

*Los años
la han ayudado
a perdurar
en el tiempo,
no ha perdido
la belleza
y aún conserva
aquéllos sueños*

*Y esa calvicie
hermosa,
huerfanita
y perezosa
se disfrazó
de cariño*

*Nadie
le presta
atención,
en esa casa
no hay niños
y ya no existe
el rincón,
que vele por su
destino*

LAS SILUETAS

*Siluetas
que relatan
la espera
de lata,
se acercan,
se alejan,
y no se desatan*

*Los fantasmas,
de cabezas
rasuradas,
lucen
consternados*

*Y el dolor
enojado
las engaña,
mientras,
ellas bailan
desesperadas*

*Y……,
las turbas
perplejas
lucen añejas
y desquiciadas*

*Mientras…,
la tempestad
se funde,
la maldad,
se hunde
descarnizada*

METEORITOS
DE ALEGRÍA Y ESPERANZA

Caen
del cielo
cientos…,
miles de meteoritos,
que inflados
de alegría
nos dibujan
fantasías

La algarabía
que se produce
no alcanza,
para reflejar
tanta magia

Caen
también
en piñatas,
pimpollos
en flor
y destellos
de pasión,
que los alcanza

Nace
un nuevo
Arco Iris,
de soles
radiantes

*y se paraliza
de pronto
el dolor,
mientras
se abre
una flor,
que anuncia
que todavía
hay esperanza*

PODER IMAGINAR

*Vi llegar
la vida
y pude
imaginar
la muerte,
sentí
la alegría
y tuve mucha
suerte*

*Y cuando
las tristezas,
bañaron
mi alma,
presto
mi espíritu,
logró
alejarlas*

*Luego......,
se cansaron
las ganas,
que acompañadas
de canas,
bailaron
rebeldes,
una proclama*

*Y....,
en el aire,
los valores
invisibles,
de aquélla
implícita
soledad,
que carente
de piedad,
se despedía
inmediata*

PENAS AZULES

*Caminan
entre tules,
las penas azules,
y luego,
se diluyen*

*El viento,
que pasa,
las arrasa
y las cenizas,
confluyen*

*Y
sus huellas
distraídas,
parecen
doloridas,
por la triste
espera*

*Pero…,
sin embargo,
la quietud,
las desespera*

*Mientras…,
la realidad,
produce
una cierta equidad,
y las convierte
en beldad,
que se trasluce
en quimera*

SEMILLAS

*Semillas
que volaron
de otros rumbos
y dando tumbos,
se instalaron
en mi querido
jardín*

*Las regaron
las estrellas
y los duendes
en una noche
muy bella*

*Llegaron
oxigenadas
de alegría,
con planes
y perspectivas*

*Ellas...,
dotadas
de alas doradas,
a través
de la ventana,
me sonreían*

*De pronto
se humedeció
el césped,
mientras se asoma
el verano,
y una de las semillas,
se ha convertido
en árbol*

SI SE APAGARA EL CIELO

Si
se apagara
el cielo
y el mar
se secara,
cuantos
desvelos
ocasionara

Si
esa luz
interior
se apagara,
el corazón
quedaría
quieto,
y acurrucado

Si el alma
se desdoblara,
para ocupar
otro cuerpo,
un camino
incierto
se presentara

BUSCANDO

*Buscando amor,
encontré dolor
diseminado
por todo el camino
y me pareció mejor,
alejarme
de ese destino*

*Buscando
el progreso,
me sentí presa
de otras ideologías,
que no eran las mías
y me alejé con sigilo*

*Buscando
la humildad,
me crucé
con la maldad,
la omnipotencia
y la vanidad,
que utilizaban
artilugios
con total frialdad,
así pues....,
traté de alejarme,
para no contagiarme*

*Buscando
crecer
como persona,
debí
mantenerme alejada,
aislada
de bajo perfil,
fingiendo ser tonta,
aunque
discriminada*

*Buscando
el silencio,
encontré
mi mejor aliado,
el siempre estaba
a mi lado y nada
me cuestionaba*

MARÍA, MI MADRE

*Sus ojos celestes,
su cara bonita,
su cabello rubio
y su súplica infinita*

*Su amor por la vida
y su empatía,
la hacían más fuerte,
cada día...*

*Y es por eso,
que en alejarse,
se resistía*

*Su fortaleza
y su rebeldía,
eran para ella,
cuantiosas valías*

*Sus quejas
frecuentes,
por las noches largas
y sus peleas
cruentas,
con aquéllos
fantasmas,
que según su criterio,
venían,
para llevarla*

*Como olvidarte
querida María,
si fuiste mi madre
y sos mi agonía,
si cada mañana
me pesa,
sin tu afable
compañía*

AÚN ASÍ....

*La flor
como emblema,
en la noche
se desvela
y Dios
como consigna,
del sufrimiento
y la pena*

*El amor,
debería ser
el resultado,
para poder transitar,
los caminos
que nos rodean*

*Aún así...
los signos
de los maltratos,
continúan
en vertiginosa
carrera*

*Aún así....,
el sufrimiento,
camina....,
por la misma senda*

Y la vida espera,
mientras..,
el tiempo,
fermenta

Y el silencio
pide a gritos,
la comunión
de la abundancia,
con la desazón
que prolifera

Ambiciones
mayores,
que nuestra
rutina engalana...
y en ese compás
de espera,
nuestra paz
que se desgarra
y desespera

BAILA EL DESVELO

*Siluetas
que relatan
la espera
de lata*

*Se acercan,
se alejan,
y no se desatan*

*Los fantasmas,
de cabezas
rasuradas,
lucen
consternados,
mientras
el dolor
enojado,
los engaña*

*El desvelo
baila
desesperado,
para luego
amanecer
sentado,
acurrucado
en su hamaca*

*Turbas,
que destapan
furias
y estacas
de penurias,
que se desatan*

SÓLO, DEJAME DECIRTE

*Se dice,
que la maldad,
no existe,
que la palabra,
no hiere
y que la razón,
de tu lado,
apartarse
prefiere*

*También
se dice,
que el dolor,
temor provoca
y que la sangre,
te hierve,
apenas, la ira....,
sin querer
te provoca*

*Se dice,
que el amor,
a veces lastima
y por lo tanto,
muchas veces
se subestima*

*Y entonces...,
como sabremos
si todo lo que antecede,*

es verdad, no sucede,
o todo es....,
 una gran mentira

El tiempo
sólo escatima,
en esconder lo vivido,
pero sólo aprenderás,
si lo has sufrido,
o si el dolor,
te ha dolido...,
cuando se acerque
la muerte

RELÁMPAGOS

Hilos de luz,
se hacen
la cruz
en el cielo

Mientras
aquí debajo,
muchos ruidos,
muchas noches,
mucho desvarío

Nubes,
que cruzan,
ante la luna
furiosas
y rostros renegados,
que en las sombras.
se acosan

Y el río
se sintió,
por un momento…,
temeroso,
de los resplandores,
que presurosos
acontecían

Y esperando,
su inmediata
partida,
se sintió dichoso
y celebró
la vida

EL SOL, LA LUNA Y LOS SIGLOS

El sol,
prendió las luces
del cielo
y de pronto,
todo resplandeció

Colgaban
de su techo,
los pertrechos,
que dormían
en los lechos,
de toda
la humanidad

También,
en su vida luminosa,
a veces...negra,
a veces rosa, oscurecía......,
mientras la gente vivía,
de una forma singular

La luna, yacía plena
y cuando podía,
paseaba serena,
inmersa
en majestuosidad

Los suntuosos
y fértiles días,
alegres transcurrían

Y los siglos se avenían,
con total impunidad

EN ESTOS DÍAS

*En estos días
cuando la luz
debe brillar
más alta,
pasa una estrella
con tacos altos,
haciendo gestos
de muy atareada*

*Emite
una carcajada
burlona,
y vuela......,
gritando
muy lejos*

*Y los ecos
persisten
y los reflejos
estimulan
pero los destellos
emulan...*

*Infrecuentes días,
de felices veladas,
vagas..., dispersas,
amadas*

*Insertas en este otro,
triste día,
de otra triste
madrugada*

LA DAMA

La dama,
vagaba
triste y sin rumbo,
maniatada
y dando tumbos

Ni viva...,
ni muerta..,
ni nada.....

Ni felíz,
ni apenada,
ni siquiera
apasionada

Rodaba
por el albor,
fingiendo
el dolor,
que la frecuentara

Y así...,
levitaba,
mientras cantaba
y soñaba

*Como
otrora,
cuando dueña
de su corpórea
figura,
se entretejían
historias
de gloria*

*Mientras..,
los espectros bailaban,
sus propias victorias*

LA FRAZADA

*La frazada
se sentía
avergonzada,
se quejaba
porque sus hilachas,
ya no arropaban*

*Se autodefinía
inservible,
invisible
porque,
según ella,
ni siquiera reversible,
su utilización,
alcanzaba*

*Sin embargo,
para aquél
hombre
que nada poseía...,
nada,
era un abrigo
de lujo,
que hubiera
de utilizar,
sin tapujos,
si primero
la encontrara*

LAS LUCHAS SE PELEAN EN SILENCIO

*Cuando
las luchas,
se pelean
en silencio,
son más
respetadas*

*Mientras....,
el viento
barre
el camino,
ellas lucen
desgarbadas*

*El corazón
y el alma,
zozobran,
el ruido
es mutismo,
y el silencio
bisagra*

*Todo
se amalgama,
puertas
se cierran,
mientras
urden nuevas
tramas*

*Y otras...,
sueñan
con alejar
el salvajismo,
que instalado
e impune,
se ha convertido
en inmune,
enviciando
el aire
y avasallando
las almas*

SE LLEVA EL SILENCIO

*Risueño espera
y se lleva, el silencio*

*Mientras...,
mariposas vaporosas,
sobrevuelan el espacio,
sin emitir murmullos*

*Los capullos se abren
y los ángeles dormitan,
sus cabelleras,
llenas de rulos*

*Las nubes,
suaves se deslizan,
casi se paralizan,
para que no despierte
el sueño....,ese...,
que tiene dueño*

*Suenan violines,
sus invisibles sonidos
y sus partituras aparecen,
como no disponibles*

*Errantes autores,
bizarros escritores
y benefactores de duendes,*

*vagan por doquier,
chequeando el dossier,
en los alrededores*

*El Universo,
pacta con el éxtasis
y el clímax con el conjuro,
con los del más allá,
con los del más acá
y con los del futuro*

REFUGIO

Refugio de piedra,
estrategas
que escudriñan,
cofradías
que se albergan

Mentiras
impías,
que pululan
deplorables,
mientras
inexorables
se desplazan,
cretinas
y miserables

Y..
en un marco
de resabios,
sellan
con sus labios,
los planes
mas macabros,
jamás
imaginados

No existen
Leyes
que las perdonen,
ni maldades,

que las detengan

*Vengan
de donde vengan,
los peores instintos,
las dominan*

SUEÑOS,
DE PAPEL RISUEÑO

Tren mensajero
de estaciones lejanas,
donde el destierro
esperara ansioso,
la llegada del mañana,
para sortear el silencio,
que su bagaje, llevara

Viajeros apoyando,
sus frías narices,
sobre los vidrios
llenos de tierra,
que los hacía,
tan felices

Vagones
con alas negras,
donde los cargueros
repletos de sueños,
envueltos en sobres,
de papel risueño,
repletos de amor,
arribaran

Cuanta historia,
cargada de gloria,
cuantas sombras
rociadas de luna
y cuantos durmientes,

*llenos de dolor,
gritaban el desamor,
de aquél terrible día*

*Y en sus cunas,
las vías,
inventaban cofradías,
para que alguien..,
algún día,
pintara algún garabato,
o escribiera una poesía*

TÚ Y YO, TUYO

Mi mundo
gira,
mientras
el tuyo, delira

Mi nave
vuela,
mientras
la tuya,
se desvela

Mi sol
Ilumina,
mientras tu luz,
se congela

Tu mente
vaga
y tu ego,
se halaga

Mi presencia
está ausente,
porque la tuya,
es obsecuente

Pasitos
para adelante
doy,
pero ya no soy,
pasitos para atrás,
das,
porque sólo,
sos tuyo,
y nada mas

VENCER

*Vencer
el miedo
y empezar
de nuevo*

*Cruzar
las fronteras,
desprovistas
de madera,
mientras
los techos
de cartón,
con razón,
bailan
en las veredas,
alrededor
del zanjón*

*Humedecidos,
de olvido,
y con sus manos,
repletas
de lirios*

*Y fogatas,
de derroche,
que a 'viva voce',
pujan
por un mundo
mejor
y sin reproches*

VERSIONES MALTRECHAS

*Suspiros
del recuerdo,
que camina
lerdo*

*Vampiros
que vigilan
y están al acecho*

*Caminos
deshechos
de ilusiones
pisoteadas,
que siguen
sin rumbo,
que son....,
la pura nada*

*Versiones
que por algunos
maltrechas,
fueron
tergiversadas*

*Y aquí,
el ahora,
el hoy,
el presente*

*Y allí,
el que ausente,
ya no se queja
de nada*

Y DESPUÉS…..

*El día,
la noche,
la tormenta,
el vacío
y el frío*

*Y un ataúd
de fina madera,
que se pudrirá
de igual manera*

*Y después..,
la nada,
el todo
la llama,
de aquélla
antorcha,
que hubo
de permanecer
prendida
pero ahora,
se apaga
según
lo que se perfila*

*Y después..,
la madrugada
que llora,
porque el sol
la ignora*

*Y una tregua
que se jacta,
de su poderosa
garganta
y que a gritos
solicita:
'que se callen,
que la irritan'*

*Y un después
inmerso,
en el lago del olvido
y un mañana
que mengua
y un ayer..,
torpemente
perdido*

VER, CÓMO LA VIDA SE ALEJA

*Ver
cómo la vida
se aleja,
observando
tras las rejas,
presos
de esperanza*

*Y aquélla
vieja casona,
que los castiga,
a esperar
otra mañana*

*Crujen
las bisagras
y los huesos
se desangran,
ya no hay tiempo......,
ya no hay ganas*

*Se pueden
oír melodías
repletas de estrías,
que cantan a gritos
su desazón,
mientras......,
desgarran sus almas*

*Finalizado
el día,
esconden
sus harapos
con recelo*

*Y continúa
la espera…
y las visitas,
no llegan*

*Y así pasa
el tiempo,
y así continúan,
solos…,
con su silencio*

CARAS, SIN ROSTROS

*Caras sin rostros
que refleja
un espejo,
en la casa
de ese viejo,
que tal vez...,
no la habitara*

*Gritos feroces
que de allí,
emanaban,
con perfume
a lavanda
y largas bufandas*

*Viles mensajes,
que exhibieren,
sus escasas
ganas*

*Brutales
posturas,
sentados en sillas,
que no hablaban*

*Vestidos
los hombres,
de brillosos trajes*

*y las mujeres,
de largas faldas
de gala*

*Aquél hombre,
que alguna vez,
arribara,
espantado huyera,
para no ver
esas caras*

DE CUESTIONES ESPÚREAS

*Arrumbados
en el sótano,
donde las ratas,
caminan,
los fantasmas
predominan,
y los errores
se tapan*

*Expedientes
corroídos,
libros resquebrajados
y por demás oxidados,
por el tiempo
transcurrido*

*Libros
que han quedado
heridos
y en su inmerecido
andar,
ya no podrán
demostrar,
su poder de almacenar,
que de nada,
hubo servido*

*Vergüenza
ajena sentimos,
por lo que descubrimos
y no podemos contar*

*Tantas injustas
historias,
que almacenadas
quedaron
y lágrimas,
que derramaron
sus autores,
al pasar*

DESDE LA SOMBRA

*Un cobarde,
intercepta tu sonido
y ungido
de una maldad absoluta,
cuando te nombra,
disfruta,
de tu bondad impoluta
y de tu miedo,
que carece,
de sentido*

*Y un titiritero flaco,
que maneja los hilos
a su antojo,
provoca el enojo,
que a todos mantiene
en vilo*

*El infierno
los aguarda,
y el invierno
les señala,
el fin de su propio
camino*

*Juntarán
 con pala
las cenizas,
que el desamor
 produjera*

y volará la inocencia,
que en la oscuridad
esperara,
porque el tiempo
desde la sombra,
por ende,
caducara

Derramarán
las lágrimas,
que congeladas
guardaban
en el cajón del olvido,
porque también
expiraran

EL ABISMO

Subido
a una silla,
y a punto,
de lanzarse,
el abismo,
decidió procurarse
una frase,
para salir,
del meollo

'Soy pájaro
en desarrollo
y soy un simple
pimpollo
recordando,
su quimera'

Irónico
y aprestado,
se corrió
al otro costado,
de una brutal manera,
se decía preparado..,
para esa letal
ceguera

Pero después
de pensarlo,
con su valiente
osadía,

*prefirió
arrojar al mar,
su dilema
y acabar
con tantas penas,
aunque lleno,
de hidalguía*

EL DOLOR, EL AMOR, EL TEMOR Y EL ANDAR

El dolor,
llegó para quedarse
y el amor por tal motivo,
decidió ausentarse

El temor,
llegó para instalarse
y los años,
no desearon
acercarse

El andar
escurridizo,
se diluyó presuroso,
sin permitir
verse ansioso,
de lo que le deparare,
porque si alguien
lo hiriere,
ya no podría
esforzarse

EL ESPEJO Y EL CUCÚ

*Se rompió
el espejo,
de ajado
y de viejo*

*Fijo
lo miraba
y no había
reflejos*

*Se quedó
sin luz,
se quedó
sin tiempo*

*Y el cucú,
cantaba...
y todo
se asemejaba,
a la risa,
de otros tiempos*

*Cuando joven
su imagen,
hermosa
se perfilaba,
hasta el jilguero
cantaba,*

*esas odas
de alegría,
mientras,
se despedía dichoso
y con aires
caprichosos,
y de gentil,
valentía*

MANIFIESTO

Que la vida,
nos presta
su tiempo...,
pero nos reta,
nos agrede
y nos maltrata,
para ver
nuestras reacciones....,
de eso, se trata

El reloj
de arena ...,
dilata su tiempo
de penas
y de nuestro malestar,
se jacta

El clima,
se humedece
de neblina
y el viento
que crece,
nada escatima,
para borrar
de un plumazo,
lo que tanto
nos costara....,
lo que nos costara
tanto

*Y nuestra
Humanidad
maltrecha...,
llena de dolor
y de miseria,
sólo deja una brecha,
que brotada
de espanto,
 produce mucha ira
y nos envuelve,
en un profundo
llanto*

EL NÉCTAR

*El néctar
del dolor,
ha despertado
y a aquél,
que lo ha padecido,
de lágrimas,
lo ha impregnado*

*Arrasando,
como un viento
huracanado,
la furia
que lo convoca,
abre,
tan grande
su boca,
que bocanadas de fuego,
exhalan majestuosas,
remolinos*

*Ya nada podrá
interferir
con el destino,
que marcado
su camino,
intervendrá
presuroso*

*Y de un presente
meloso,
en gelatinoso,
se ha convertido*

SE YERGUEN LOS DÍAS

*Se yerguen
los días,
con actitud altanera
y se hace larga
la espera,
que anuncia,
la llegada
de la suerte*

*Baila
la esperanza,
zapatea a ultranza,
la fe y la alegría,
se hacen presentes*

*Y tiñe,
su corazón,
de aquélla
hermosa canción,
que sonara
contundente*

*Ergo,
hay días
jubilosos
y hay otros,
que fantasiosos,
nos acarician
el alma*

El lugar,
podría ser,
cualquiera,
aquí o donde
se quiera,
pero rodeado,
de calma

LA SUERTE

La suerte,
se agarraba fuerte
y mirando
de reojo,
se tomaba
sus anteojos
y a todo el mundo,
increpaba

Se encendía
la débil mañana,
de aquél verano
caliente,
cuando de repente,
su sangre
paralizaba

Sus piernas,
se detenían,
y sus pies,
se silenciaban

Todo se habría
 acabado…
ilusiones
y pecados,
promesas
y desenfados

*Invadida
por el llanto
y habiendo
perdido el alma,
habría decidido
marcharse,
antes que redimirse,
de aquélla
feroz batalla*

NEGRA NOCHE

Es noche,
todo está oscuro...,
la infelicidad
se manifiesta,
en forma
de humo

La chimenea,
su verdugo..,
ella.., la expulsa,
y atraviesa,
lo que fuera
la grandeza,
detrás ,
de esos muros

Respuestas
vanas,
de un acto
fallido,
que ha producido,
esta situación
malsana

Todo
es silencio,
y hasta el árbol
llora,
sus aventuras,
de otrora

*El cielo
se opaca,
las estrellas
se dilatan,
y la luna
describe
el dolor,
que se esconde
a través,
de sus ventanas*

EL ESPÍA,
DE LA LUNA

Yace el espía,
mirando la luna,
a la luz,
de una vela

Porque ella...,
de a ratos
se esconde,
y a veces...,
se perfila
apenas

Sus hombros,
producen
escombro,
cuando gentil,
se menea

A la sazón
se produce....,
pero a veces,
se congela

No le gusta
que la espíen
y mucho menos....,
si ríen,
de su actitud altanera

*Así evita
que cualquiera,
elucubre
alguna gresca,
que aunque parezca
grotesca,
no fuera tan justiciera*

*Al espía...,
el sol lo envía,
para pactar
en un acto,
la solemnidad
de un contrato,
que secreto pareciera*

DOLOR VETERANO

*Ese dolor
veterano,
ese verano
ardiente,
esa desazón
inusitada
y los días
tan calientes*

*Hasta
le queman
las manos,
por los callos
que contrajo,
de su trabajo
a destajo,
que ejercitó,
en el Oriente*

*Envejecido
y dotado,
de un espíritu
valiente
siente que de repente,
se encuentra,
como enjaulado*

*Ya no puede
discernir,
cree que su existir,*

*nunca ha sido
comprobado*

*Enfurecido
se duerme
y descubre,
'que cada día,
se pierde...
y disfrazado
de verde,
se despierta libre,
se despierta....,
desatado*

EL VACÍO

*El vacío
tiene frío,
su rigidez
obsoleta,
hace su marcha,
más lenta
y su poder,
más tardío*

*Ni la luna,
ni la escarcha,
ni la gaviota
ni el río,
pueden
con el temporal,
que produjo,
el desafío*

*Si el presente,
si el pasado,
si el llamado
desatino*

*Si la suerte,
si la muerte,
si algún pasado
mezquino*

ESCUCHAS

*Escuchas
que nada escuchan,
silencios..,
que se pronuncian*

*Cielos,
que no se disipan
y ríos,
que se desbordan*

*Madres,
que ya no bordan,
porque ya no esperan
nada*

*Guerras
que no se acaban,
porque la venganza
acecha
y una cruel brecha
de hambre,
que inexplicable
amenaza*

*Cuanto amor
maltrecho,
tratado
como desecho,
propiedad
de nuestra raza*

LA VIDA PASA

*Casquivana
pasa y amenaza,
para que la locura,
se convierta
en cordura*

*Subasta
los años,
con poca decencia,
como si se tratara
de enfermedad*

*Para el que la padece....,
es un monstruito
que crece,
sin censura,
pero con dignidad*

*De la rigidez,
pasará a la ternura,
de la hipocresía,
transmitirá la valía
y como resultado.
apelará a la verdad*

*Y el sol,
brillará más fuerte,
para poder contenerte,
en total fidelidad*

LAS MIGAJAS

*Resentidas
y tristes,
convertidas
en migajas,
ni la suerte,
ni la muerte,
de ellas
escapan*

*Miserables,
distinguidas
y tan desafortunadas,
que las sombras
no distinguen
ni siquiera
lo posible,
del resultado
que huyen*

*Todo
lo destruyen,
porque al final.....,
son migajas*

ANGELITOS DE CUATRO PATAS

*Llegaron
para traernos,
canastas llenas,
de amor*

*Y de nosotros,
obtuvieron
el maltrato......,
se llevaron lo peor*

*Algunos
pudieron sentir,
la maldad
y el egoísmo
y con ellos,
el cinismo,
de los que no
tienen piedad*

*Angelitos
de cuatro patas,
los que los amamos
en serio,
les pedimos
nos disculpen,
rogamos
que no nos culpen,
por los errores
que cometemos,*

*los mal llamados
humanos,
los que aplastamos
con nuestras manos
sus caricias…,
y su bondad*

ÍNDICE

LA LUNA	5
SU ETERNA SONRISA	7
TUVO UNA VEZ	9
SIN ABRIGO	11
EL TÚNEL II	12
EGÓLATRA	14
ARRUGAS TRISTES	15
BEBIÓ EL AMOR	17
COSAS QUE INVENTA EL ALMA	19
LÁGRIMAS	20
EL COFRE	22
FASE TRES, ÚLTIMO CAPÍTULO	24
LA HUMEDAD CANTA Y BAILA	26
PUENTES DE POBREZA	28
AQUÍ YACE	30
EL LAGO	31
EL LOCO DE AMOR	32
MATICES	34
SUEÑOS BELLOS, LOCOS	36
MONÓLOGO CON EL ESPEJO	37
PINTA PINTOR	39
DÍAS LARGOS, NOCHES CORTAS	40
COSMOS	42
DESOLACIÓN	44
DOLOR	45
EL PUENTE ILUMINADO	47
ESTIGMA	49
ESPACIO INERTE	50
EL FUTURO	51
LOS SUEÑOS	53
AYERES	55
EL ESPANTAPÁJAROS	56
EL AMOR, LLEGÓ A MI REGAZO	58
CESÓ, DE CANTAR EL PÁJARO	59

EL TREN	61
EL SÓTANO	63
GRITOS	64
LA BURBUJA	65
LA MUÑECA	67
LAS SILUETAS	68
METEORITOS DE ALEGRÍA Y ESPERANZA	69
PODER IMAGINAR	71
PENAS AZULES	73
SEMILLAS	74
SI SE APAGARA EL CIELO	75
BUSCANDO	76
MARÍA, MI MADRE	78
AÚN ASÍ	80
BAILA EL DESVELO	82
SÓLO DÉJAME DECIRTE	83
RELÁMPAGOS	85
EL SOL, LA LUNA Y LOS SIGLOS	86
EN ESTOS DÍAS	87
LA DAMA	88
LA FRAZADA	90
LAS LUCHAS SE PELEAN EN SILENCIO	91
SE LLEVA EL SILENCIO	93
REFUGIO	95
SUEÑOS, DE PAPEL RISUEÑO	97
TÚ Y YO, TUYO	99
VENCER	100
VERSIONES MALTRECHAS	101
Y DESPUÉS	102
VER, CÓMO LA VIDA DE ALEJA	104
CARAS, SIN ROSTROS	106
DE CUESTIONES ESPÚREAS	108
DESDE LA SOMBRA	110
EL ABISMO	112

EL DOLOR, EL AMOR, EL TEMOR Y EL
ANDAR... 114
EL ESPEJO Y EL CUCÚ........................... 115
MANIFIESTO 117
EL NÉCTAR 119
SE YERGUEN LOS DÍAS 120
LA SUERTE 122
NEGRA NOCHE 124
EL ESPÍA, DE LA LUNA 126
DOLOR VETERANO 128
EL VACÍO 130
ESCUCHAS.. 131
LA VIDA PASA 132
LAS MIGAJAS... 133
ANGELITOS DE CUATRO PATAS............ 134

www.ingramcontent.com/pod-product-compliance
Lightning Source LLC
Chambersburg PA
CBHW071703040426
42446CB00011B/1886